RÉPONSE

DE

SAINT-AUBIN,

A plusieurs questions proposées par le citoyen
J. C. sur la hausse des rentes.

*Questions qui se trouvent dans le Miroir du 25
prairial, n°. 409.*

SECONDE ÉDITION,

REVUE ET AUGMENTÉE.

MESSIDOR, AN 5 DE LA RÉPUBLIQUE.

QUESTION DU CITOYEN J. C.

AU MIROIR.

C itoyen,

Vous avez inséré dans votre numéro d'hier, la copie d'une lettre que le citoyen St. Aubin a écrite à la commission des finances, dans laquelle il prétend que la hausse des rentes est l'effet du crédit public, et non le résultat d'une compagnie d'agioteurs.

Je demanderai au citoyen St.-Aubin qu'il satisfasse ma curiosité, en me donnant la solution des questions suivantes :

1°. La hausse des rentes est-elle utile ou nuisible à l'état ?

2°. La hausse des rentes, en faisant monter le taux de l'escompte, et en apportant la stagnation la plus complète dans toutes les affaires de banque ou de marchandises, contribue-t-elle au progrès de nos manufactures, ou ne tend-elle qu'à les *anéantir ?*

3°. L'intérêt de l'état est-il que la presque totalité de ses membres vive dans la plus profonde misère, pour que la plus faible et la plus méprisable portion de la société regorge de richesses ?

4°. La hausse des rentes favorise-t-elle la vente des biens nationaux ? N'est-il pas clair, au contraire,

A 2

qu'on n'emprunte à 4 et 5 pour 100 par mois, sur *dépôt* de rentes, que parce qu'on ne veut pas faire d'acquisitions, au prix où la rente est montée?

5°. Si les biens nationaux restent invendus, et si la nation supporte les charges d'une régie ruineuse, comment le sort des véritables rentiers de l'état peut-il s'améliorer?

6°. La république française a-t-elle d'autre moyen d'acquitter sa dette que par la vente des biens nationaux; et si, comme je pense, elle n'en a pas d'autre, n'est-il pas de son intérêt d'absorber la plus grande quantité d'inscriptions dans les ventes qu'elle sera à même de faire?

7°. La hausse des rentes entravant toutes les affaires, il en résulte de la gêne dans la classe médiocre, et par suite il devient impossible au plus grand nombre d'acquitter ses contributions : or, s'il n'y a ni vente de biens nationaux, ni rentrée d'impositions, comment le crédit public peut-il se relever?

Quand le citoyen St.-Aubin aura satisfait à toutes ces questions, je me ferai joueur à la hausse; jusques-là je prendrai le parti de rester tranquille.

J. C.

REPONSE

DE

SAINT-AUBIN,

A plusieurs questions proposées par le citoyen
J. C. sur la hausse des rentes.

***

Comme les questions dont il s'agit renferment à-
peu-près toutes les objections bonnes ou mauvaises
qu'on peut faire contre la hausse des rentes, j'ai saisi
cette occasion pour y répondre une fois pour toutes.
Le sujet en vaut bien la peine.

Saint-Aubin au rédacteur du Miroir.

Votre correspondant J. C., par la quantité et
plus encore par le vague de ses questions, me rap-
pelle cet adage allemand, qui dit: qu'un seul homme,
sans être un mage, peut faire plus de questions dans
dix minutes, que tous les sages de la Grèce n'en
pourraient résoudre en dix ans (1). J'essayerai toutefois de répondre aux siennes avec autant de pré-
cision que leur énoncé peu précis le permet, parce
qu'elles ont le mérite de renfermer toutes les objections, bonnes ou mauvaises, que j'ai entendu faire
contre la hausse des rentes.

---

(1) Le père Boscovich était certainement plus grand astro-
nome que je ne suis financier; je l'ai vu cependant bien embar-
rassé à la question que lui fit une petite fille à table : puisque
vous connaissez si bien la lune, monsieur, dites-moi si on y
mange des petits pois ?

A 3

Première question. *La hausse des rentes est-elle utile ou nuisible à l'état ?*

Réponse. Si par l'état, on entend, comme sous l'ancien régime, monseigneur le fisc, et qu'on donne à ce dernier la permission de réglementer les rentes, comme l'abbé Terray, j'avoue que cette hausse est tellement nuisible à l'état, qu'il serait à désirer que les rentes fussent au taux de vingt sols, où étaient les mandats agonisans, parce qu'avec un ou deux millions espèces, l'état les rembourserait toutes, et se débarrasserait de cette vilaine queue de rentiers qui tourmentent tant la trésorerie.

Mais si, par l'état, le citoyen J. C. entend l'universalité des citoyens dont le fisc, aux yeux de tout homme de bons sens, n'est qu'un accessoire, alors je ne puis que m'écrier avec le valet du joueur : *Cet homme était-il de Paris ?* Car ce n'est réellement qu'au centre des hommes et des choses incroyables que l'on puisse faire sérieusement une question pareille. Par-tout ailleurs, et notamment en Angleterre, où l'on n'est pas tout-à-fait ignorant sur ces matières, la hausse des rentes est regardée comme le thermomètre de la prospérité publique. Il paraît même que quand il s'agit de l'Angleterre, les parisiens les plus opposés à la hausse des rentes, pensent comme les anglais sans s'en douter. Comment expliquerait-on autrement ce qu'on entend dire tous les jours dans les meilleures sociétés ? *Il faut que les anglais ne soient pas encore si mal dans leurs affaires qu'on le dit, les consolidés* (c'est-à-dire les inscriptions de Londres) *se soutiennent.* Les inscriptions d'une île seraient-elles, aux yeux de ces messieurs, d'une nature différente de celles du continent ?

Si le citoyen J. C. désire avoir d'autres développe-mens sur cette question, il les trouvera dans les dif-férens écrits que j'ai publiés sur les rentes, écrits qui n'ont d'autre mérite que de présenter en abrégé, et avec application aux circonstances dans lesquelles nous nous trouvons, tout ce que Smith et les meil-leurs écrivains d'économie politique ont dit long-tems avant moi.

Encore cette banqueroute faite aux rentes ne sou-lagerait que momentanément le fisc, qui, en dernière analyse, y perdrait beaucoup plus qu'il n'y aurait gagné.

D'abord tout crédit public étant anéanti par-là, et les impôts devenant bien plus difficiles à payer, à cause de la rareté du numéraire que l'étranger ne nous enverrait plus, et du défaut de capitaux circulans, le fisc se trouverait bientôt dans la même détresse qu'avant son escroquerie ; il ne pourrait faire que des marchés ruineux, ne retirerait presque pas d'impôts, et après n'avoir payé personne, il finirait par ne pas être payé lui-même.

Que l'étranger, dans ce moment-ci, achète dix millions de rentes au cours de 33 livres, et que par-là il les fasse monter à 40 liv., on croira d'abord qu'il nous fait tort de 7 livres par cent, ou de 14 millions espèces. Mais comme pour acheter ces 10 millions, il a fallu qu'il nous envoyât 66 millions espèces, il aura plus que compensé ce bénéfice : d'une part, par l'in-troduction de cette somme prodigieuse de numéraire qui, à la longue, ne peut que faire baisser l'intérêt de l'argent et hausser la valeur des terres, et d'un autre côté, par l'augmentation de la masse de nos ri-chesses mobiliaires et capitaux circulans qui, au lieu de 660 millions au cours de 33 liv., en représenteront 800 au cours de 40 liv. Il est vraiment étonnant qu'à la fin du dix-huitième siècle, on soit obligé, au cen-

A 4

tre des lumières, d'insister sur une vérité qui devrait être triviale, savoir que les coffres du fisc ne peuvent jamais être trop long-tems pleins, quand les poches des citoyens sont vides.

On objectera que l'étranger, après avoir fait monter les rentes qu'il avait achetées à bas prix, les revendra pour réaliser capital et intérêts. Ceci arriverait en effet, si le corps législatif adoptait les principes du citoyen J. C.; mais tant qu'il agira conformément aux véritables intérêts de la nation qu'il représente, en maintenant la foi due à ses engagemens, tant que par-là il inspirera, comme il a fait jusqu'ici, de la confiance aux étrangers, ceux-ci ne retireront pas leurs capitaux d'un pays où ils sont placés si avantageusement, pour les replacer ailleurs à un intérêt beaucoup plus bas. L'argent même, que dans ce moment ils prêtent sur les rentes, ne peut que les intéresser à la hausse des inscriptions, puisqu'une forte baisse les exposerait à perdre une partie de leurs avances.

Seconde question. La hausse des rentes, en faisant monter le taux de l'escompte, et en apportant la stagnation la plus complète dans toutes les affaires de banque ou de marchandises, contribue-t-elle au progrès de nos manufactures, ou ne tend-elle qu'à les anéantir?

Réponse. Cette question, comme l'on voit, est compliquée, et en renferme plusieurs auxquelles je vais successivement répondre.

Depuis trois mois, la valeur vénale des rentes a quadruplé, tandis que l'escompte, non-seulement n'a pas doublé, mais n'a presque pas augmenté, comme le citoyen J. C. peut aisément s'en convaincre, en comparant les cottes des changes à cette époque, telles qu'on les trouve dans les papiers publics, avec celles d'aujourd'hui, et en calculant l'escompte d'après les usances pour Lyon et Marseille, et même pour l'étranger. (Voyez la note à la fin.)

La caisse Massiac n'a pas augmenté son taux, elle ne met pas plus de difficulté à escompter, et escompte même en plus grande abondance.

Le bon papier sur la place ne perd guère plus qu'il ne perdait il y a quelques mois. On empruntait alors sur dépôts de bijoux et marchandises à deux et trois pour 100 par mois, et c'est encore là à-peu-près le taux actuel. Il y a plus, lorsque les rentes étaient à cent sous et au dessous, on a vu des momens où l'argent était tout aussi rare, et l'intérêt tout aussi haut qu'aujourd'hui, qu'elles valent six à sept fois ce prix.

Il est donc au moins très-douteux, que la hausse des inscriptions ait fait monter le taux de l'escompte ou de l'intérêt, tandis qu'il n'est aucunement douteux que cette élévation, à peine sensible, n'a pas eu la moindre proportion avec la hausse des inscriptions, dont la valeur a plus que septuplé depuis un an, pendant que l'intérêt est bien loin d'avoir doublé, puisque la différence, qui encore est exagérée, ne donne pour résultat proportionnel que moitié en sus, et que pour avoir doublé, il faudrait que l'intérêt fut à 4 pour 100 par mois.

Mais quand la hausse subite et inattendue des inscriptions, hausse due en grande partie à la paix, à la confiance qu'on a dans la loyauté du corps législatif, et à la stabilité du gouvernement, aurait fait monter de quelque chose l'intérêt de l'argent, il serait encore aisé de s'assurer que cette même hausse doit avoir prodigieusement augmenté la masse des capitaux circulans, et fait venir beaucoup d'argent de l'étranger, autrement les achats réels d'inscriptions, jointes aux spéculations sur ce papier, auraient doublé et triplé le taux de l'intérêt. Ce n'est pas d'ailleurs au milieu de la fermentation produite par la hausse des rentes, et par la perspective d'un avenir meilleur, qu'il faut espérer la baisse de l'intérêt, qui ne peut avoir lieu que lorsque l'augmentation de la valeur vénale des propriétés mobiliaires et immobiliaires aura produit son effet. Il suffit qu'il ne hausse pas d'une quantité sensible.

Il est vrai que, depuis peu, on emprunte sur dépôt d'inscriptions à 4 et non à 5 pour cent par mois, et que des maisons étrangères ont envoyé des sommes considérables destinées à cet emploi. Ce dernier objet n'est point un mal; c'est même un excellent moyen pour faire tomber cet intérêt usuraire. Comme il y a peu de gens qui puissent ou veuillent emprunter à ce taux, et que l'intérêt chez l'étranger ne va pas au sixième, la concurrence des prêteurs, jointe au petit nombre d'emprunteurs, amèneront bientôt une baisse inévitable. Car il est moralement impossible que lorsque la paix et la confiance se rétablissent, on continue à placer à Hambourg des capitaux à 6 pour 100, lorsqu'on peut les placer à Paris à 24 et à 36, et *vice versâ*, qu'on continue d'emprunter à Paris à 3 pour cent par mois, lorsqu'ailleurs on trouve de l'argent tant qu'on veut, à 6 pour cent par an. Au reste, les gens qui empruntent de cette manière ne sont que des agioteurs de métier, ou ceux qui, ayant contracté des engagemens et possédant des inscriptions, ont assez de confiance dans ces dernières pour espérer qu'elles hausseront de plus de 4 pour cent par mois. C'est le très-petit nombre (1) qui ne compte pas plus

---

(1) Il ne faut pas perdre de vue qu'il y a beaucoup d'argent à prêter de cette manière, mais très-peu d'emprunteurs qui veulent profiter de cette commodité. Il y *a beaucoup d'appelés*, dit l'évangile, *mais peu d'élus*. Il y aurait ici beaucoup d'élus aussi s'ils voulaient se faire élire.

dans la totalité des emprunts, que ces jeunes gens qui mettent leurs effets en gage chez un fripier, prêteur à la petite semaine.

Il est vrai que les affaires de banque ou de de marchandises sont dans une stagnation complète ; et comme j'aime la franchise, j'avouerai que cette stagnation est en grande partie due à la hausse subite, ou même si l'on veut, au jeu sur les inscriptions.

Mais ceci, loin d'être un mal, est un bien. En effet, qu'entend-on par ces affaires de marchandises ? Des accaparemens de marchandises de toute espèce qu'on accumulait autrefois à Paris, et qu'on faisait voyager d'une rue dans l'autre, avec un bénéfice à chaque déménagement. Cette manie, qui a enrichi plusieurs individus aux dépens de milliers d'autres qu'elle a fait jeûner, date du discrédit des assignats, lorsque tout ce qui en avait le moyen, spéculait et réalisait pour spéculer de nouveau; lorsque tant de perruquiers et de savetiers, devenus négocians en gros, avaient métamorphosé en magasins toutes les caves et greniers de Paris; lorsqu'on attendait souvent en vain une voie d'eau ou une paire de bas, parce que le porteur d'eau ou la ravaudeuse étaient occupés à faire *quelques affaires de marchandises* ; lorsqu'on voyait la même barique de café ou de sucre avoir successivement 30 propriétaires par mois, sans que les consommateurs en goûtassent une once. Tant que les assignats ont duré, cet agiotage (1) allait bien, parce qu'il se faisait aux dépens de la multitude qui, par son jeûne, payait la

---

(1) Car, qu'importe aux consommateurs et au public, qu'un homme agiote sur les louis ou sur les gros sous, sur les assignats ou sur les mandats, sur du café ou du sucre, sur du drap ou du savon, etc. si le résultat est toujours le même pour les consommateurs, savoir: de leur faire payer plus cher les denrées et les marchandises ?

différence journalière de ce papier. Quand le numéraire est revenu, et que dix mille individus de Paris n'ont pas été en état de duper journellement les 690 mille autres, ces emmagasinemens ne pouvaient plus se faire long-tems avec bénéfice. Mais comme l'habitude en était prise, ceux qui s'y étaient enrichis, ont voulu continuer et s'en sont trouvés les dindons, sur-tout depuis qu'on aime mieux placer son argent en rentes, que dans une spéculation sur du sucre à 45 sous la livre, tandis que si la paix se faisait aujourd'hui avec l'Angleterre, la Cochinchine seule, où il est à deux sous la livre, le ferait tomber de moitié.

Ces messieurs, à qui leurs marchandises accaparées restent sur les bras, ou qui, sans en avoir, ne peuvent plus spéculer dans ce genre, jettent maintenant les hauts cris. *On ne fait plus d'affaires de marchandises !* Et que diable cela fait-il à la prospérité de l'état, que le citoyen A. ne puisse plus transporter au citoyen B. cent milliers de café, de sucre, d'indigo, etc. avec 5 pour 100 de bénéfice, pour que B., a son tour, les cède, deux heures après, au même taux, à C., en sorte qu'en continuant, tous ces magasins fassent le tour de l'alphabet dans une demi-décade ?

Oui, dit-on, *mais ces négocians sont obligés de vendre leurs marchandises aux détaillans à* 20 *pour* 100 *de perte*. Tant mieux ! les consommateurs, qui sont le grand nombre, les auront à meilleur marché. *Mais cela occasionne des faillites*. Tant pis pour ceux qui se sont mêlés de ce jeu de biribi ; car c'en est un.

Il y a, dans ce moment-ci, des magasins de vins à Paris, de quoi abreuver cette ville pendant deux ans, quand même les habitans boiraient comme des chanoines d'Allemagne. Il est donc très-possible que si le

vin retombe au prix où il était en 1790 , et si les pos-
sesseurs d'argent aiment mieux spéculer sur les rentes
que sur les vins , il est très-possible , dis-je , que les
propriétaires de ces magasins soient ruinés. Faudra-t-
il, pour empêcher cela , si toutefois on peut l'empêcher , faire tomber les inscriptions , afin d'engager
les gens à acheter des barriques de préférence aux
rentes ? Est-il nécessaire pour la prospérité publique,
qu'il y ait beaucoup de marchands à Paris qui achè-
tent à 5o écus un millier de tonneaux de vin , dont
on ne boit pas une pinte , dans l'espoir de les reven-
dre à 200 francs ?

Les manufactures, pour décliner, n'ont pas attendu
la hausse des rentes. L'intérêt de 1 et demi à 2 pour
100 , par mois, qui existe depuis près de deux ans , et
par conséquent long-tems avant la hausse des inscriptions , et plus encore l'excessive rareté des bras ,
cause de la cherté de la main-d'œuvre , n'ont pu
qu'accélérer leur chûte; parce qu'il est impossible
qu'avec ces deux inconvéniens réunis , nos manufac-
turiers puissent soutenir la concurrence des marchandises étrangères que toutes les prohibitions ne
sauraient empêcher d'entrer , lorsque la différence
du prix est aussi énorme. On a vu un effet singulier
de cette rareté de bras dans plusieurs départemens ,
où le haut prix des salaires donnés aux ouvriers des
manufactures, a fait abandonner momentanément la
culture des vignes, en métamorphosant des vigne-
rons en cardeurs de laine; parce que , même à prix
égal, ce dernier travail était plus facile.

Sans cette rareté de bras à laquelle la baisse des
rentes ne peut certainement pas remédier, je soutiens
que la hausse des inscriptions serait le meilleur
moyen pour relever les manufactures. Le citoyen J.
C. sait, comme moi, que ces établissemens exigent
de grands capitaux, et que nulle part ils ne réussis-

sent mieux que dans les pays où ces capitaux abondent. Et comme deux milliards d'inscriptions à 100 sous ne peuvent, en les supposant toutes dans la circulation, fournir pour plus de 100 millions de capitaux réels ; il est évident qu'au cours de 30 francs elles peuvent en fournir pour 600 millions ; et que, si pour établir ou entretenir une manufacture, il faut 60 mille francs, valeur réelle, tout porteur d'une inscription de 10 mille livres pourra faire l'entreprise, si les rentes sont à 30 livres ; tandis qu'il faudra une inscription de 60 mille livres, ou un capital de 1200 mille livres, valeur nominale, si elles sont à 100 sous.

Le citoyen J. C. ne peut pas ignorer non plus, que l'abondance de capitaux est le vrai moyen pour faire baisser l'intérêt de l'argent, baisse essentielle au progrès des manufactures, et que la hausse des rentes ne tardera pas d'amener, quoique, pour opérer ce changement salutaire, il faille attendre plus d'une décade.

Enfin, il est bon d'observer que le déclin des manufactures n'est pas si général qu'on le croit. Celles de la ville de Reims sont dans ce moment-ci dans une activité incroyable. Les fabricans emploient le double d'ouvriers et de matières premières qu'ils employaient en 1790, et ne peuvent cependant suffire à la moitié des demandes qui leur sont faites. On enlève les pièces à mesure qu'elles se fabriquent ; ce serait bien autre chose si les entrepreneurs avaient plus de capitaux disponibles. Aussi ai-je dans ce moment sous les yeux une pétition signée de nombre de négocians et fabricans de cette ville, qui demandent une prompte loi sur le régime hypthéquaire, afin que l'association de commerce qui va s'y former, puisse accorder un crédit, non-seulement sur dépôt de marchandises, mais sur hypothèque foncière, et multiplier par-là les capitaux circulans, qui seuls peuvent entretenir le travail dans l'activité dont il jouit. On sait que la ville de Reims est une de celles où l'industrie et la culture des vignes sont réunies en beaucoup de mains, la plupart des négocians et fabricans étant à-la-fois propriétaires de vignobles.

Restent les affaires de banque. *Ce mot de banque* ressemble beaucoup à celui de *pain*. De même qu'il y a pain de froment, pain de sucre, pain de cire, pain d'épices, pain de suif, etc., qui n'ont rien de commun que le nom; il y a banque de dépôt, banque de circulation, banque sur hypothèques, banque de Londres, banque particulière d'Ecosse, banque de Trente-un, etc. dont plusieurs ne se ressemblent pas davantage qu'un pain molet ne ressemble à un pain de suif.

Je supposerai toutefois que, *par affaire de banque*, le citoyen J. C. n'entend pas ce tripot de traites fictives qui, hors le tems du papier-monnaie, sur le discrédit duquel elles étaient autrefois fondées, ne servent qu'à cacher de mauvaises affaires, ou à alimenter des spéculations qui y aboutissent. C'est ainsi que A. de Paris, ayant besoin de fonds, tire à 90 jours sur son ami B. à Bâle, et négocie à Paris la traite acceptée. L'ami B. de Bâle, qui n'a, lui-même, pas de quoi payer la traite de A., tire, un mois avant l'échéance, sur l'ami commun C., à Hambourg, également à 90 jours de date, fait accepter cette traite et la négocie à Bâle, avec plus ou moins de perte, pour faire honneur à la traite de A. L'ami C. de Hambourg, qui n'a pas plus de fonds que les amis A. et B., recommence alors le cercle, en tirant un mois avant l'échance de la traite de B., une autre traite sur A. de Paris, qui tirera à son tour sur B., et ainsi de suite, jusqu'à la fin du chapitre qui est la banqueroute. Car il est évident que chaque traite tirée ainsi, pour faire honneur à la précédente, doit tou-jours être augmentée de tout ce qu'il en a coûté pour escompter l'autre; et que, si l'intérêt est de 2 pour 100 par mois, les tireurs seront bientôt ruinés. Aussi ces *affaires de banque* vont-elles actuellement fort mal; et ce n'est pas encore là un grand mal.

En général les banques et banquiers vraiment utiles à la chose publique, doivent avoir pour base des dettes et crédits réels, qui eux-mêmes ne peuvent être fondés que sur des entreprises réelles d'industrie ou de commerce; car il est rare que la banque ait quelque chose de commun avec l'agriculture. Et comme de l'aveu de tout le monde, l'industrie et le commerce sont à-peu-près nuls chez nous, faute de capitaux, le meilleur moyen de donner de l'occu-pation aux banques et aux banquiers, est de mul-tiplier les capitaux, pour ranimer l'industrie et le commerce. Sous ce rapport, la hausse des rentes ne peut être que favorable aux affaires de banque; et telle paraît aussi être l'opinion des députés du com-merce, lorsqu'ils disent que, pour établir une ban-que, il faut attendre que le crédit public et particu-lier soient rétablis.

Les banques et banquiers utiles et même néces-saires dans les circonstances présentes, sont celles ou ceux qui augmentent la masse des capitaux cir-culans, en émettant des billets et en accordant du crédit; ou, ce qui revient au même, en escomptant le papier de maisons solides. La caisse des comptes courans rend ce service essentiel au public. Or, à cet égard, il est très-vrai que l'intérêt exhorbitant de l'argent, est un des plus forts obstacles à la réussite de ces établissemens; mais la hausse des rentes, loin de leur nuire, les favorise, puisqu'elle augmente la masse des dépôts et des capitaux, sur lesquels **on** peut accorder du crédit. Le prêt même sur dépôt

d'inscriptions

d'inscriptions dont le citoyen J. C. se plaint, prouve mon assertion.

Troisième question. L'intérêt de l'état est-il que la presque totalité de ses membres vive dans la plus profonde misère, pour que la plus faible et la plus méprisable portion de la société regorge de richesses ?

Réponse. Non certainement ; mais que diable, cela a-t-il de commun avec la hausse des rentes ? Trois cent soixante-huit mille rentiers inscrits, (sans compter ceux qui restent à inscrire), dont assurément aucun ne se plaint de la hausse des rentes , qui , en peu de tems , a sextuplé la valeur vénale de leurs propriétés , seraient-ils aux yeux du citoyen J. C. la plus faible et la plus méprisable partie de la société ? Serait-il fâché que plusieurs milliers de ces malheureux aient profité de cette hausse, pour vendre une partie ou même la totalité de leurs rentes, les uns , afin d'avoir de quoi vivre , les autres pour faire valoir leur industrie ? Non sans doute.

En supposant que *la presque totalité* des Français soient plongés dans la plus profonde misère, ce que je soutiens être faux, et ce que l'expérience nie mieux que moi, osera-t-on soutenir que cette profonde misère date depuis la hausse des inscriptions qui n'a que quelques mois d'existence ? La misère qui pouvait exister , ne diminue-t-elle pas plutôt par cette même hausse ? Les ouvriers et les artisans sont-ils plus mal payés ? C'est cependant là la grande masse de la population de Paris et des villes en général ; car, quant aux habitans des campagnes , je ne crois pas que personne ose dire qu'ils sont dans la misère. Qui est-ce qui a principalement souffert dans ces derniers tems et qui souffre encore ? Les rentiers , les citoyens aisés autrefois et que la révolution a ruinés : enfin les fonctionnaires publics. Les rentiers, loin de perdre à la hausse des rentes , y gagnent ; il en est de même de ceux de la seconde classe qui ont des rentes sur le grand livre, et quant aux autres , ainsi qu'aux fonctionnaires publics, je défie de me faire voir comment la baisse des rentes pourrait les soulager.

La hausse des inscriptions a effectivement enrichi plusieurs agioteurs (puisqu'agiotage il y a), qui sont probablement ceux que le citoyen J. C. appelle la plus faible et la plus méprisable portion de la société. Ce serait vraiment un mal , s'ils avaient acquis cette richesse en ruinant leurs concitoyens, comme faisaient jadis les joueurs à la baisse des assignats, et comme feraient encore les joueurs à la baisse des rentes s'ils pouvaient réussir. Mais lorsque les fonds publics éprouvent une hausse constante, les joueurs à la hausse peuvent devenir millionnaires sans ruiner personne , parce que tout le monde , excepté le petit nombre de joueurs à la baisse, y gagne avec l'accroissement de la prospérité publique. Le vendeur même , qui se désole pour avoir vendu ses inscriptions à 24 francs , lorsqu'il les voit à 3o , ne se plaint que d'avoir manqué l'occasion de gagner six francs de plus sur ce qu'il avait acheté , ou sur ce qui ne valait dans ses mains que vingt francs la veille. Il est fâcheux qu'on soit obligé de répéter des choses aussi claires.

Si quelques individus, si des ci-devant perruquiers , crocheteurs ou laquais, pour me servir du jargon de l'ancien régime , se sont enrichis, sans faire tort aux autres, c'est plutôt un bien qu'un mal. Je voudrais que tous les savoyards , devenus agioteurs, eussent équipage, pourvu que par là personne ne fût forcé de décrotter les souliers à leur place. Cette jalousie contre les nouvelles fortunes est l'appanage des jacobins de la bonne société, car il y a des frères et amis dans les sallons comme sur le Pont-au-Change; la seule différence est que les uns voudraient qu'on continuât de révolutionner les anciennes fortunes des fermiers généraux, des grands seigneurs et des financiers, comme devant leur origine, les unes à la faveur des catins de la cour, et les autres aux vexations des traitans, tandis que les jacobins, *comme il faut*, voudraient envoyer à une chambre ardente tous les nouveaux enrichis, parce que beaucoup d'entre eux se sont engraissés aux dépens du public. Cette jalousie, vraie mère-patróne du jacobinisme, paraît être aussi innée que le péché originel; j'ai connu les meilleurs gens du monde qui se seraient volontiers cassé une jambe, pour s'épargner le dé-plaisir de voir leurs voisins faire des entre-chats mieux qu'eux.

Je ne veux pas dire par là qu'il faille épargner les fripons, les dilapidateurs de la fortune publi-que : je veux qu'on les poursuive sans miséricorde, qu'on leur fasse rendre gorge, non pas parce qu'ils sont riches, mais lorsqu'on peut les convaincre qu'ils ont volé. De ce qu'un homme qui, naguères, n'avait pas le sol, est aujourd'hui millionnaire, ce n'est pas une raison pour le traduire devant une chambre ardente, à laquelle il peut répondre qu'il a gagné cet argent au biribi, ou qu'il l'a trouvé dans un puits. Ces fortunes scandaleuses sont et doivent être l'objet de la censure publique, à laquelle le projet de Siméon, Daunou, etc., contre la liberté de la presse, voulait fort mal-à-propos les soustraire ; mais le gouvernement qui doit, avant et sur toutes choses, respecter les propriétés, ne peut s'en mêler à moins d'être partisan du *bonheur commun*. Je dis, *lorsqu'on peut les convaincre* ; car des soupçons, des demi preuves, ne suffisent pas. Devant un tribunal révolutionnaire, tout est coupable; ce n'est que sous le règne de la justice, et devant des tribunaux justes, qu'un coquin peut avoir un bon procès.

Quant à la profonde misère dans laquelle, selon le citoyen J. C. est plongée la presque totalité des citoyens, j'entends répéter ces jérémiades tous les jours par tous ceux qui, non contens de regretter l'ancien régime, ce qui est très-permis quand on y a perdu, (cas dans lequel, par parenthèse, le citoyen J. C. ne se trouve pas), voudraient le ramener, au risque de reproduire, par une nouvelle révolution, toutes les horreurs qui ont accompagné la première, projet aussi atroce qu'il est bête. il n'est donc pas hors de propos d'examiner un peu le mérite de ces lamentations.

D'abord il y a une autre lamentation générale et continuelle, que les ouvriers et ouvrières de toute espèce, depuis le boulanger et la blanchisseuse jusqu'au pâtissier et à la marchande de modes, sont très-chers, qu'on a de la peine à les avoir, qu'ils sont même insolens, etc. Ce que disent à cet égard les bourgeois de Paris, est confirmé par les propriétaires et fermiers des campagnes. Les salaires sont généralement augmentés d'un tiers ou de moitié; plusieurs même sont doublés de ce qu'ils étaient sous l'ancien régime. Les vivres cependant, et notamment le pain et la viande, loin d'avoir renchéri, sont généralement à meilleur marché.

Or comme presque tout le monde a des bras, et que parmi ceux qui ont des bras, le nombre des gens qui peuvent les faire mouvoir est infiniment plus grand que de ceux qui ne le peuvent pas, j'en conclus que la grande masse, la presque totalité du peuple, loin d'être plongée dans la misère, vit dans l'aisance.

Aussi cette aisance les rend-elle insolens ! c'est-
à-dire que le cordonnier et le tailleur envoient pro-
mener le fat qui, comme autrefois, voudrait les
faire venir deux fois pour prendre mesure, et quatre
ou cinq pour être payés. Ce n'est pas-là encore un
grand mal. En Amérique, où les salaires sont très-
chers, on remarque aussi dans les ouvriers cette pré-
tendue insolence ; et les Américains sensés ne s'en
plaignent pas. Que serait-ce donc si les manufactures et le commerce fleurissaient ? Où trouverait-on
les bras nécessaires, ou plutôt comment les paierait-
on ? C'est à quoi ceux qui se plaignent du dépérissement de l'industrie et du commerce, ne songent
pas.

Au reste, comme je ne suis pas assez jacobin des
sallons pour être indifférent à l'aisance évidente du
grand nombre, je ne suis pas assez jacobin du Pont-
au-Change, pour ne pas être touché du mal-aise tout
aussi évident de la minorité, composée des trois
classes dont j'ai parlé ci-dessus, et dont une, celle des
rentiers, commence à respirer, grace à la hausse des
rentes. Il répugne à mon cœur de calculer froide-
ment, Barrême à la main, le nombre de ceux qui
sont à l'aise, pour le comparer avec celui des misérables qui n'ont pas de pain, et de m'extasier à la vue
du résultat, quelque favorable qu'il soit. Je crois,
avec Bentham, que dix hommes qui souffrent, sur-
tout après avoir été dans l'aisance, doivent l'em-
porter dans la balance sur cinquante qui se trouvent
mieux de la catastrophe ; parce que la peine du re-
gret est toujours plus forte que le plaisir de la jouis-
sance. Je crois qu'il est du devoir des législateurs, et
de toute ame honnête, de chercher à soulager la
minorité malheureuse. Mais je demande au citoyen
J. C. si la baisse des rentes serait un bon moyen pour
atteindre ce but. Fera-t-elle mieux payer les rentiers,

les fonctionnaires publics ? procurera-t-elle du sou-
lagement aux enfans-trouvés, aux veuves, aux or-
phelins, aux pauvres honteux ?

Je demanderai encore au citoyen J. C. si la perte
et la ruine de nos colonies ne contribuent pas beaucoup à augmenter le nombre des misérables ; si ce
n'est pas à elles qu'est due, en grande partie, la chûte
de notre commerce et le dépérissement des manufactures ? La baisse des rentes nous rendra-t-elle ces
possessions, et sur-tout nous les rendra-t-elle floris-
santes ?

Quatrième question. *La hausse des rentes favorise-t-elle la vente des biens nationaux ? N'est-il
pas clair, au contraire, qu'on n'emprunte qu'à 4
ou 5 pour 100 par mois, sur DÉPÔT de rentes, que
parce qu'on ne veut pas faire d'acquisitions au prix
où la rente est montée ?*

Si le citoyen J. C. veut que la nation, sous le régime constitutionnel, vende ses biens nationaux contre
des inscriptions, comme elle les vendait, sous le régime révolutionnaire, contre des assignats, lorsque
vers la fin elle vendait 100 mille francs l'arpent ; s'il
veut que l'état rembourse les porteurs d'inscriptions,
comme il a remboursé les porteurs d'assignats ; j'a-
voué que la hausse des rentes n'est pas favorable à
cette vente banqueroutière, et qu'il serait plus avan-
tageux de laisser tomber les rentes à 20 sols, (en
décrétant par exemple qu'on ne les admettra qu'au
cours, et en paiement des contributions), parce
qu'alors la vente d'une dixaine de maisons suffirait
pour solder le grand livre.

Mais si le citoyen J. C. veut être raisonnable et
juste envers les porteurs d'inscriptions, aussi bien
qu'envers l'état, il est aisé de lui faire voir que cet

arrangement à l'amiable peut très-bien se concilier avec la hausse des rentes, quand elles iraient même à 5o francs.

Abstraction faite de la confiance dans le gouvernement, et de l'origine différente des biens nationaux, la valeur vénale de ceux-ci dépend incontestablement de celle des biens patrimoniaux. On n'ira pas acheter les premiers au denier vingt, lorsqu'on peut avoir les derniers au denier quinze.

Mais la valeur vénale des biens patrimoniaux dépend, à son tour, de la concurrence des acheteurs ; ou, ce qui revient au même, des capitaux qu'on peut et veut y employer ; capitaux qui sont toujours le fruit des épargnes, directement lorsqu'ils sont à l'acquéreur, indirectement lorsqu'il les emprunte. Car, personne n'emploie à faire des acquisitions son stricte nécessaire ; on songe au pot au feu, avant d'acheter une terre et une maison.

Ces principes posés, que personne ne conteste, supposons qu'il y ait à vendre pour un milliard valeur 1790 de biens, soit patrimoniaux, soit nationaux, et que le numéraire disponible pour ces acquisitions soit de 5oo millions ; dans cette hypothèse, les biens se vendront à 5o pour 1oo au-dessous du prix de 1790, ou la moitié restera invendue.

N'est-il pas évident maintenant que, si à ces 5oo millions espèces, on en ajoutait 5oo autres en capitaux disponibles, ils doubleraient la valeur vénale des biens à vendre ?

Or, c'est ce qui est arrivé, lorsque la hausse des rentes a porté à plus de 6oo millions, la valeur vénale de deux milliards d'inscriptions qui, au cours de 1oo sous, ne représentaient que 1o millions. Cet argument me paraît péremptoire, et est confirmé par la hausse sensible qu'éprouve depuis peu la valeur vénale des terres.

Il y a plus; quand les rentes sont à très-bas prix, les petits rentiers, qui forment le grand nombre, ne vendent pas du tout, parce qu'ils ne sauraient que faire du chétif produit qu'ils en retireraient. Le bas prix des rentes nuit donc à la vente des biens nationaux, sous deux rapports; il fait qu'il y a moins de capitaux et moins de monde qui veuille en disposer : car il est essentiel d'observer que, pour que les inscriptions forment des capitaux qui concourent à l'acquisition des immeubles, il n'est pas nécessaire que les porteurs, les rentiers, les emploient eux-mêmes à ce but; il suffit qu'ils puissent les consacrer à tout autre emploi qui, sans cela, absorberait le numéraire ou les autres capitaux disponibles.

Quant aux emprunts à 4 pour 100 par mois sur dépôts d'inscriptions, je ne conçois pas comment le citoyen J. C. peut regarder cela comme une preuve que les biens nationaux ne se vendent pas ? Les emprunteurs de cette espèce ne sont certainement pas gens à faire des acquisitions en immeubles, quand, avec leurs inscriptions, ils auraient encore du numéraire.

Cinquième question. *Si les biens nationaux restent invendus, et si la nation supporte les charges d'une régie ruineuse, comment le sort des véritables rentiers de l'état peut-il s'améliorer !*

Réponse. Pour peu que la nation veuille vendre à un prix raisonnable, ses biens ne resteront pas invendus. D'ici, peut-être, à bien des années, le crédit public ne sera pas assez rétabli, pour qu'à moitié même de différence, on ne préfère la possession d'une terre à une inscription sur le grand livre; surtout en considérant que la possession d'une certaine propriété est requise par la constitution pour être électeur, et la considération en général dont les propriétaires fonciers jouissent dans un gouvernement républicain bien affermi. Le citoyen J. C. peut être là-dessus sans inquiétude. Quant à la régie ruineuse, je suis tellement de son avis, que je voudrais, avec Montesquiou, que la nation vendît les forêts avec lesquelles nous gèlerons un jour, si elle s'obstine, à ce qu'on appelle très-mal à propos, les *conserver*, tandis que la meilleure régie ne peut que les faire *gaspiller* un peu moins qu'elles ne le seraient sous une mauvaise.

Je terminerai cette réponse par un mot, sur ce que le citoyen J. C. appelle les *véritables* rentiers, expression qui, quoique placée en passant, ne se trouve pas là jetée au hasard. S'il entend par-là que les anciens rentiers sont propriétaires légitimes de leurs rentes et doivent être payés, nous sommes d'accord ; mais s'il prétend que l'origine de toutes les rentes anciennes est pure comme l'eau de roche, je lui observerai que j'en connais beaucoup, et qu'il y en a bien d'autres que je ne connais pas, qui ont encore moins coûté aux premiers acquéreurs que celles achetées dernièrement avec des assignats. Pour peu que le citoyen J. C. ait connu la manière dont se faisaient les emprunts de l'ancien régime, il doit savoir que, pour les faire passer, on donnait aux membres les plus marquans du parlement, des borderaux de 100 mille l., de 50 mille écus, etc. qui ne coûtaient que la peine de prendre ; qu'outre cela, il y avait un pot-de-vin qui n'était pas mince, à répartir entre les souscripteurs favorisés; qu'il y avait des *croupiers* aux emprunts, comme à la ferme générale, etc. Combien de ces *véritables*, de ces *anciens*, de ces *légitimes* rentiers, comme on se plaît à les nommer avec affectation, doivent les rentes dont ils ont hérité, aux dons et pensions inscrites au livre rouge

qui leur a procuré les beaux deniers comptans qu'ils
ont versés dans l'emprunt ? S'ensuit-il de-là qu'il
faille, sous ce prétexte, réduire les inscriptions qui
viennent de ces sources, comme l'on a proposé de
réduire les nouvelles rentes ? Et où en serait le crédit
public, la stabilité des fortunes, la tranquillité des
propriétaires, avec cette maxime à la Chaumette ?

Sixième question. *La république française a-t-
elle d'autre moyen d'acquitter sa dette que par la
vente des biens nationaux, et si, comme je pense,
elle n'en a pas d'autres, n'est-il pas de son intérêt
d'absorber la plus grande quantité d'inscriptions
dans les ventes qu'elle sera à même de faire ?*

Réponse. C'est-à-dire que, si par des évènemens
et des succès sur lesquels on ne pouvait compter,
nous n'avions pas conservé la Belgique, il eût fallu
que la nation fît banqueroute !

Pour convaincre du contraire le citoyen J. C. et
ceux qui partagent son opinion, je demande la permission de les renvoyer à ce que dit, au sujet de la
dette publique, Montesquiou dans son dernier écrit
sur les finances : ce sera d'ailleurs l'occasion de faire
connaissance avec un excellent ouvrage. J'ajouterai
à tout ce qu'il dit à ce sujet, que, quand l'absorption
de la dette publique par les biens nationaux serait
bien moins considérable qu'elle ne l'est et ne le sera,
il serait bien étonnant que la France qui, sous l'ancien régime payait annuellement 207 millions d'arrérages, *sans y comprendre les pensions*, et cela
dans un tems où les plus belles propriétés étaient
exemptes de la plus grande partie de l'impôt, comme
appartenantes à des grands seigneurs et à des privi-
légiés de toute espèce, où la dîme seule enlevait aux
terres 100 millions et déplaçait le dixième des pail-

les : il serait bien étonnant, dis-je, que la France, augmentée d'un huitième et plus, en territoire et en population, ne put pas payer les mêmes arrérages, lorsque les priviléges et la dime n'existent plus, et que l'agriculture est plus florissante que jamais.

Mais tout le monde crie contre l'imposition foncière ; tous disent qu'elle est trop forte, et pour le prouver, ils citent le fait qu'elle ne se paie pas. Le fait est qu'elle est exécrablement mal répartie ; que les agens préposés à la levée, n'y entendent rien, et ce qui pis est, n'y ont aucun intérêt. Qu'on change la forme de perception ; qu'on améliore la répartition, et toutes ces difficultés disparaîtront. Une chose surtout à laquelle on ne songe pas, c'est que les deux cinquièmes de l'impôt de l'an 5 sont exigés par la loi, avant que la récolte ait mis les contribuables en état d'y satisfaire. Un impôt foncier levé avant la récolte, et même avant la vente d'une partie de la récolte, est une monstruosité.

Quant à l'industrie et au commerce, qui sont momentanément nuls, la paix les fera bientôt renaître, en ramenant avec les hommes et les chevaux employés à la guerre, le bas prix de la main-d'œuvre et des charrois ; non pas le bas prix de l'ancien régime, où l'ouvrier gagnait à peine de quoi vivre, mais un prix raisonnable.

Enfin, il y a une observation essentielle à faire au sujet des impositions en général, et de la possibilité sur-tout de les payer. Tout impôt, de quelque nature qu'il soit, détourne pour plus ou moins de tems l'argent de la circulation ordinaire, pour lui faire prendre une route différente de celle qu'il aurait prise, si l'impôt n'avait pas existé. La quotité de l'impôt qu'on peut imposer, dépend donc en grande partie de la vîtesse avec laquelle l'argent levé rentre dans la circulation ou dans la poche des contribuables. D'après ce principe, que je regarde comme incontestable, la même masse d'impôts qui absorberait un quart du revenu des contribuables, peut être moins onéreuse pour eux qu'une levée qui n'en enleverait que le cinquième, mais dont la répartition et la perception, ou la recette combinée avec la dépense feraient retourner beaucoup plus tard le numéraire levé, à ceux qui l'auraient fourni.

Au reste, après la réponse faite à la question précédente, où j'ai fait voir que les biens nationaux ne resteront pas invendus, cette question est en grande partie oiseuse.

Quant à l'intérêt qu'a la république, selon le citoyen J. C. d'absorber la plus grande quantité d'inscriptions dans les ventes, la réponse ne peut être qu'une répétition de ce que j'ai dit plus haut, qu'il est de l'intérêt du *fisc* de vendre très-cher ses domaines, et de retirer les inscriptions, s'il se peut, au denier pour livre. Mais comme dans la république, il y a vingt-cinq à trente millions d'individus, plus le fisc; l'intérêt des premiers doit, je crois, entrer un peu en balance, et cet intérêt n'est certainement pas que les rentiers soient ruinés, que le crédit public soit anéanti, que la valeur vénale des terres descende au quart, que la valeur des capitaux circulans, ou des propriétés mobiliaires soit réduite au dixième, etc.

Septième question. *La hausse des rentes entravant toutes les affaires, il en résulte de la géne dans la classe médiocre, et par suite il devient impossible au plus grand nombre d'acquitter ses contributions : s'il n'y a ni vente de biens nationaux, ni rentrée d'impositions, comment le crédit public peut-il se relever ?*

Réponse. Quant aux *affaires*, je crois avoir liquidé

leur compte courant dans la réponse au n°. 2. Quant à la classe médiocre, je ne sais pas ce que le citoyen J. C. entend par là, lorsqu'il l'appelle le plus grand nombre. Tout ce qui a des bras, tout ce qui peut travailler, et qui forme incontestablement le grand nombre, est employé, jusqu'aux copistes sans ortographe qu'on a de la peine à se procurer. S'il y avait beaucoup d'affaires par-dessus le marché, je ne sais pas comment on pourrait les expédier.

Les impositions ne se paient jamais mieux et plus facilement, que lorsque les contribuables sont à l'aise ; or la hausse des rentes, en augmentant la masse des capitaux, et en relevant le crédit public, ne peut que contribuer à cette aisance : la seule augmentation de la valeur vénale des immeubles, suite inévitable de la hausse des rentes, ne peut qu'augmenter considérablement le produit du droit d'enregistrement, le plus sûr et le plus lucratif des impôts indirects. Pourquoi Paris payait-il autrefois cent et tant de millions d'impôts ? C'est qu'on y distribuait annuellement deux cents millions aux rentiers.

Le citoyen J. C., en recueillant toutes les objections qu'on fait journellement contre la hausse des rentes, a eu le bon sens de passer sous silence celle-ci, qui, pour être absurde, n'en est pas moins commune.

Qu'est-ce que cela fait aux anciens rentiers, dit-on, que les inscriptions haussent ou baissent, puisqu'ils ne veulent pas vendre ? l'essentiel est qu'on les paie.

Je réponds : 1°. Quand on ne paie pas les rentiers, ou qu'on les paie mal, comme l'on a fait jusqu'ici, il n'est pas indifférent, pour ceux qui ne peuvent pas attendre un paiement plus exact, de pouvoir, en vendant une partie de leurs inscriptions, se procurer de quoi vivre en attendant.

2°. Si les rentes étaient à 3 livres , je ne crois pas qu'aucune vertu humaine dans le corps législatif le plus vertueux résistât à la tentation de les fixer à 6 livres, sous prétexte qu'en payant exactement la rente sur ce pied, les rentiers y gagneraient cent pour cent. Ceci serait d'autant plus probable, qu'un raisonnement parfaitement semblable a été fait il n'y a pas bien long-tems, au sujet des assignats, lorsqu'on les fixa à 3o capitaux pour un, tandis que dans le public ils étaient à 3oo. Qu'ils sont heureux ces porteurs d'assignats ! disait-on, on les rembourse au décuple. On a vu à quoi ce bonheur s'est réduit.

3°. Le bas prix des rentes étant le thermomètre de la misère publique, annonce, ou la mauvaise volonté , ou l'impuissance de payer les rentiers.

4°. J'ai deux paires de culottes, dont je n'ai pas plus envie de me défaire, que le rentier le plus amoureux du grand livre, n'a envie de se défaire de son inscription. Cela n'empêche pas que , si quelqu'un pouvait porter leur valeur vénale à 1oo pistoles au lieu de 5o francs plus ou moins qui en est le cours actuel, d'après la cotte du tailleur, je lui aurais beaucoup d'obligation.

SAINT-AUBIN.

NOTE.

A ajouter à la page 8 , question 2.

En comparant , d'après les cottes du journal de Commerce et des Nouvelles politiques , le cours des inscriptions avec celui du papier sur différentes places et à différentes usances , depuis le premier pluviôse jusqu'au 25 prairial , on trouve les résultats suivans :

Les inscriptions depuis le premier germinal , qu'elles étaient à 8 liv. 5 sous , ont monté à 33 liv. 10 sous ce qui fait le quadruple.

Le papier sur Amsterdam , à 30 jours , n'a différé , pendant le même intervalle , que de $1\frac{1}{8}$, $1\frac{1}{4}$ et $1\frac{1}{2}$. Le 15 pluviôse, ces deux papiers étaient cottés $59\frac{3}{8}$, $60\frac{1}{2}$. Le 25 prairial , ils étaient à $60\frac{1}{2}$, $61\frac{7}{8}$; différence entre les deux époques , $\frac{1}{4}$.

Le papier sur Hambourg , à 30 jours , était le premier pluviôse , à 193. Celui à 90 jours , à 191. Le 25 prairial , ces mêmes deux papiers se trouvaient cottés 187 et 185 ; différence entre les deux époques , zéro.

Le papier sur Bâle , à 30 jours , perdait , le premier pluviôse , 1 pour 100. Celui à 60 jours , $2\frac{7}{8}$. Ces mêmes papiers se trouvent cottés , le 15 prairial , $1\frac{1}{4}$ et 4 ; différence entre les deux époques , $\frac{7}{8}$.

Le papier sur Gênes , a trente jours , était au premier pluviôse à $92\frac{1}{4}$, celui à quatre-vingt-dix jours $91\frac{1}{4}$; le 15 prairial les mêmes papiers se trouvent cottés $92\frac{1}{2}$ et $91\frac{1}{2}$; différence entre les deux époques , zéro.

Le papier sur Lyon et sur Marseille était au premier pluviôse au pair , tandis que le 25 prairial celui à dix jours perdait $\frac{1}{2}$ à $\frac{3}{4}$.

Je demande maintenant si la hausse des inscriptions a produit dans l'escompte des lettres-de-change une différence , je ne dis pas proportionnelle , mais tant soit peu sensible ?

Au reste , il faut avouer que les résultats tirés de la différence du change , à moins qu'on ne prenne une époque longue et suivie , et beaucoup de places à-la-fois , ne fournissent aucune preuve certaine de la hausse ou de la baisse de l'escompte et de la rareté de l'argent en général , parce que la hausse ou la baisse du change dépendent d'une infinité de circonstances qui souvent n'ont rien de commun avec la rareté de l'argent ou avec le taux de l'intérêt.

Il est bon d'observer que le taux élevé de l'intérêt , qui est en effet un mal, porte son remède avec lui, en ce que c'est le vrai moyen d'engager les étrangers à faire passer leurs fonds en France.

SAINT-AUBIN.

De l'Imprimerie d'Ant. BAILLEUL, rue neuve Augustin, N°. 742.